LES HORREURS

DE L'ESCLAVAGE

DE LA SORCELLERIE

Des Sacrifices humains et du Cannibalisme en Afrique.

LES HORREURS
DE
L'ESCLAVAGE
DE LA SORCELLERIE
Des Sacrifices humains et du Cannibalisme
EN AFRIQUE

Par l'Abbé NOYANT

Ancien aumônier militaire, du clergé de Saint-Bernard, Paris.

Prix : 2 francs.

PARIS
26, PLACE DE LA CHAPELLE, 26
—
1ᵉʳ septembre 1891.

LES HORREURS

DE

L'ESCLAVAGE, DE LA SORCELLERIE

DES SACRIFICES HUMAINS

ET DU CANNIBALISME EN AFRIQUE

CHAPITRE PREMIER

Considérations générales.

L'attention de tous les peuples et de tous les gouvernements européens se tourne de plus en plus vers l'Afrique. Ce continent est l'objet de multiples incidents diplomatiques et de traités qui se succèdent à de courts intervalles. Vers l'Afrique vont se diriger tous les efforts commerciaux, toutes les visées aventureuses que l'Amérique attirait autrefois. Nous espérons que les gouvernements européens feront connaître surtout aux Africains les beautés de l'Evangile de Jésus-Christ et les douceurs de la civilisation.

« Quand l'Afrique se sera relevée dans l'échelle humaine, la vie s'y éveillera avec splendeur et avec magnificence. Sur cette terre de l'or et des pierreries, des épices et des palmiers, des fleurs merveilleuses, de la prodigieuse fécondité, naîtront de nouvelles formes d'art. La race nègre, cessant d'être méprisée et d'être foulée aux pieds, nous apportera peut-être les plus belles révélations de l'activité humaine. On verra fructifier les qualités qui distinguent les noirs, leur douceur, leur docilité, leur simplicité enfantine, leur caractère affectueux, leur facilité à pardonner, leur déférence pour la supériorité de l'intelligence. Les missionnaires affirment que, de tous les habitants de la terre, les Africains reçoivent l'Evangile avec le plus de docilité. La confiance et la foi absolue sont naturelles chez eux. »

Ces paroles, un peu emphatiques, mais intelligentes, de l'auteur sympathique du *Père Tom* doivent encourager les efforts des Européens pour christianiser et civiliser les habitants de l'Afrique.

Malheureux Africains ! Ils sont décimés par les

traits meurtriers des négriers; ils sont soumis, pour la plupart, à un dur esclavage; ils sont mis à mort, souvent, par des sorciers imposteurs; ils sont quelquefois massacrés en masse par des chefs superstitieux et ignorants; ils sont dévorés quelquefois par leurs frères.

Européens, au cœur compatissant, venez délivrer les Africains infortunés. Méditons ces paroles du célèbre Livingstone : « Si mes rapports au sujet du terrible commerce d'esclaves qui se fait à *Oudjiji* peuvent conduire à la suppression de la traite de l'homme, je regarderai ce résultat comme bien supérieur à la découverte de toutes les sources du Nil. »

Découvrir des fleuves, des mines, parcourir des régions inconnues, établir des débouchés commerciaux, c'est très utile; mais civiliser et christianiser des peuples barbares et païens, c'est encore plus important, plus glorieux. Européens, intelligents et industrieux, marchez sur les traces de vos pères qui ont défendu l'opprimé, la veuve et l'orphelin; secourez tous ceux qui sont atteints par la souffrance.

L'église catholique, dont je suis un sujet obéissant et dévoué, s'est efforcée, depuis de longues années, de civiliser la malheureuse Afrique. Elle compte, sur cette terre désolée, deux archevêchés, douze évêchés, trente-trois préfectures apostoliques, plus de mille prêtres infatigables.

Les nations chrétiennes de l'Europe, l'Angleterre surtout, ont travaillé, comme les nations catholiques européennes, à civiliser les Africains. Toutes ont obtenu de précieux résultats. Honneur à l'Europe ! Mais que de travaux à exécuter encore, que d'obstacles à surmonter encore !

Notre époque l'a compris : nous avons eu les congrès *antiesclavagistes* de Bruxelles et de Paris, sous l'inspiration du pape Léon XIII, toujours dévoué pour les nobles causes, sous la présidence du père des nègres, S. Em. Mgr Lavigerie, avec le patronage bienveillant de Monseigneur de Paris.

Les puissances de l'Europe ont adopté les résolutions suivantes du congrès de Bruxelles :

1° Seconder l'action des missionnaires en Afrique ;

2° Armer les populations noires contre les négriers ;

3° Sauvegarder la liberté des nègres qui s'engageront comme travailleurs ;

4° Appeler l'attention du Sultan de Constantinople sur les sectes musulmanes favorisant l'esclavage.

Ces résolutions, si importantes et prises d'une manière si intelligente, furent acclamées avec enthousiasme au congrès de Paris en septembre 1890. J'assistai à ce congrès. S. Em. Mgr Lavigerie et son collaborateur, Mgr Livinhac, entourés de quatorze jeunes noirs, au maintien modeste, émurent tous les cœurs en racontant les souffrances des nègres, en nous parlant de leurs orphelinats agricoles d'Afrique. Le représentant de l'Angleterre, vieillard vénérable, complimenta Mgr Lavigerie. Tous deux s'embrassèrent tendrement. A ce spectacle touchant, je me figurais la France et l'Angleterre unies comme deux sœurs pour civiliser l'Afrique.

A ce congrès de Paris, un Français, le baron d'Avril, avec une rare précision, nous parla des convois d'esclaves qui pénètrent au Maroc par le Soudan, dans les harems de Constantinople par la Tripolitaine et par la Cyrénaïque. « Etablissons, disait-il, des centres religieux, commerciaux et militaires en Afrique. Barrons le passage aux négriers. » Ces paroles généreuses furent applaudies par toute l'assemblée.

Les Africains ne sont pas seulement réduits en esclavage par les traitants arabes, musulmans : ils ont encore à lutter pour leur liberté contre certains de leurs frères, qui font esclaves tous les prisonniers de guerre.

L'esclavage ! En connaissons-nous toutes les horreurs ? Citons avec empressement la belle lettre de Léon XIII, du 20 novembre 1890, aux évêques de sa communion, sur l'abolition de la traite :

« L'Église catholique qui embrasse tous les hommes d'un même amour maternel, n'a rien eu, pour ainsi dire, de plus à cœur dès l'origine, comme vous le savez, vénérables frères, que de voir l'esclavage qui opprimait sous son triste joug le plus grand nombre des humains, supprimé et entièrement aboli.

« Gardienne zélée de la doctrine de son Fondateur qui, par lui-même et par la voix des apôtres, a enseigné aux hommes la fraternité qui les unit tous comme issus de la même origine, rachetés du même prix, également appelés à la même béatitude éternelle, elle a pris en main la cause délaissée des esclaves et s'est faite la revendicatrice courageuse de la liberté en procédant, il est vrai, comme l'exigeaient l'affaire et les temps, graduellement et prudemment. Et elle réussit dans son entreprise par sa sagesse et sa conduite réfléchie, en réclamant constamment ce qui était de la religion, de la justice et de l'humanité. En cela elle a bien mérité du progrès et de la civilisation.

« Dans la suite des âges le zèle de l'Eglise à revendiquer la liberté pour les esclaves ne s'est pas ralenti ; bien plus, à mesure que sa voix était plus écoutée, elle n'en était que plus ardente à se faire entendre. Nous en avons pour témoignages irrécusables les documents de l'histoire, qui a fait un honneur particulier de leur zèle à plusieurs de Nos prédécesseurs parmi lesquels se distinguent surtout saint Grégoire le Grand, Adrien Ier, Alexandre III, Innocent III, Grégoire IX, Pie II, Léon X, Paul III, Urbain VIII, Benoît XIV, Pie VII, Grégoire XVI. Tous ont mis toute leur sollicitude et toute leur activité à obtenir que l'institution de l'esclavage fût supprimée là où elle existait, et à empêcher que les germes n'en repoussassent après avoir été coupés.

« Un si grand héritage de gloire transmis par Nos prédécesseurs ne pouvait être répudié par Nous. C'est pourquoi Nous n'avons omis aucune occasion de réprouver publiquement et de condamner ce cruel fléau de l'esclavage, et Nous Nous sommes appliqué à traiter cette question dans la lettre que nous avons adressée, l'an 1888, aux évêques du Brésil, où Nous les avons félicités de ce qui avait été fait en ce pays, par l'initiative si louable du pouvoir public et des particuliers, pour l'affranchissement des esclaves, en leur montrant combien l'esclavage répugne à la religion et à la dignité humaine.

« En écrivant cette lettre, Nous étions vivement ému de la condition de ces hommes qui vivent sous la domination d'un maître; mais Nous avons été plus douloureusement affecté encore au récit des misères qui affligent les populations entières de de certaines parties de l'Afrique inférieure.

« Il est douloureux et horrible de constater, comme Nous l'avons appris de rapporteurs véridiques, que quatre cent mille Africains, sans distinction d'âge ni de sexe, sont arrachés violemment, chaque année, de leurs villages; puis, les mains enchaînés et sous les coups de fouet de leurs conducteurs, sont traînés avec une longue route à faire jusqu'aux marchés où ils sont exposés et vendus comme des troupeaux à l'encan.

« Devant le témoignage de ceux qui avaient vu et que les récents explorateurs de l'Afrique équinoxiale ont confirmé, Nous Nous sommes senti embrasé du désir de venir en aide, autant que Nous le pourrions à ces malheureux et d'adoucir leur misère. Dans ce but et sans retard, Nous avons confié à Notre cher fils le cardinal Lavigerie la mission d'aller dans les principales villes d'Europe pour montrer l'ignominie de ce honteux trafic et persuader aux princes et aux particuliers de secourir cette malheureuse race. Aussi avons-Nous de particulières actions de grâces à rendre à Notre-Seigneur Jésus-Christ, bien-aimé rédempteur de toutes les nations, qui, dans sa bonté, n'a point permis que Nos efforts s'exerçassent en vain mais qui a voulu, au contraire, qu'ils fussent comme une semence jetée dans un sol fécond qui promet une abondante moisson.

• Et, en effet, les souverains et les catholiques du monde entier, tous ceux aussi qui tiennent pour sacrés les droits des gens et de la nature se sont mis à l'envi à rechercher les voies et les moyens les plus favorables pour supprimer radicalement un commerce aussi barbare. Le congrès solennel dernièrement tenu à Bruxelles, auquel ont pris part les délégués des souverains européens, et le congrès plus récent encore des particuliers qui, dans le même but, se sont réunis de si grand cœur à Paris, présagent manifestement que la cause des nègres sera défendue avec autant d'ardeur et de constance que le poids de leurs misères est lourd. C'est pourquoi Nous ne voulons pas laisser passer l'occasion qui Nous est de nouveau offerte de rendre de justes actions de grâces aux souverains de l'Europe et à tous les hommes de bonne volonté, et Nous demandons instamment au Dieu tout-puissant qu'il veuille bien accorder le succès à leurs projets et aux commencements d'une si grande entreprise... »

Les esprits les plus éclairés réprouvent donc l'esclavage. C'est à juste titre.

L'esclavage est contraire au droit naturel. Tous nous descendons d'Adam et d'Eve, nos premiers parents : par conséquent, nous sommes tous frères. Bien que le soleil brunisse notre visage plus ou moins profondément, suivant les climats divers, nous avons, noirs ou blancs, la même origine. Notre frère peut nous servir librement comme domestique ; nous n'avons pas le droit de lui enlever sa liberté, de le séparer violemment de sa femme et de ses enfants, de le vendre aux enchères, de le retenir en notre pouvoir, de le rouer de coups, de lui enlever liberté, famille, propriété.

L'esclavage est contre le droit chrétien. Jésus-Christ, dans son Evangile, reconnu par les nations chrétiennes, dans son Evangile sans altération de l'Eglise catholique, ne prêche-t-il point aux hommes la fraternité ? « *Bienheureux*, dit-il, *ceux qui sont miséricordieux envers les autres. »* — *« Faites aux hommes tout ce que vous voulez qu'ils vous fassent. »* — *« Vous aimerez votre prochain comme vous-même. »* Vous qui réduisez vos frères en servitude, voudriez-vous être à leur place, être flagellés comme vous les flagellez, être emprisonnés comme eux? — Nullement, direz-vous. — Pourquoi donc infliger à vos semblables les souffrances que vous ne voudriez pas endurer?

Je vais, en cet écrit, décrire, d'après les récits des missionnaires, des voyageurs, témoins oculaires, la razzia des nègres, le voyage de ces malheureux, le marché où ils sont exposés, leur genre de vie dans l'habitation du maître. J'indiquerai ensuite quelques remèdes à de si grands maux.

Les Africains ne sont pas seulement décimés par les négriers, bandits sans pudeur : ils sont aussi torturés par leurs sorciers, leur roitelets avides de sacrifices humains, certaines peuplades cannibales. Il est utile, lecteurs, pour le bonheur de l'Afrique, de vous parler de la sorcellerie, des sacrifices humains, du cannibalisme, usités sur le continent noir. J'indiquerai quelques remèdes à de si monstrueuses coutumes, qui font tant de victimes.

Les gouvernements européens, si heureux, si

tranquilles en observant le code chrétien, ont la noble mission, de par Dieu, si doux et si bon, de voler au secours des noirs d'Afrique, de sécher tant de larmes, de délivrer tant d'infortunés. Seront-ils égoïstes? Seront-ils inactifs? — Non, je l'espère. Leurs diplomates parleront. Si la diplomatie est impuissante, ils feront entendre la voix du canon; ils emploieront la force pour faire disparaître des usages si lamentables. Dieu les en récompensera par la reconnaissance des Africains délivrés, par la prospérité de leurs affaires commerciales, par l'honneur attaché à leurs entreprises charitables.

Puissent ces quelques lignes émouvoir tous les cœurs généreux! Puissions-nous voir l'Afrique évangélisée et civilisée! Je termine ces considérations générales en déclarant que je soumets mon écrit au jugement du Saint-Siège, et que je désavoue ce qui, contre ma volonté, ne serait pas conforme à la doctrine de l'Eglise catholique, dont je suis le fils respectueux et soumis.

CHAPITRE II

La razzia des esclaves.

L'homme, sur la terre, est exposé à beaucoup de misères. Il lui faut gagner le pain de chaque jour à la sueur de son front, subir les intempéries des éléments, lutter contre les animaux féroces. Mais, le croirait-on? ses pires ennemis, ce sont ses semblables. Les malheureux Africains le savent par expérience.

Un nègre, père de famille, va travailler aux champs. Il rentre le soir, heureux à l'idée de revoir sa famille. Hélas! de cruels négriers ont enlevé, pendant son absence, sa femme et ses enfants. Des noirs sont quelquefois enlevés au milieu de leurs travaux agricoles.

Les habitants d'un village prennent le repos de la nuit. Tout à coup la fusillade éclate, le feu est mis aux cabanes. Ce sont les négriers, armés jusqu'aux dents, qui viennent attaquer ces infortunés. Les nègres qui résistent sont massacrés; les enfants, les femmes, les vieillards, les vaincus désarmés sont emmenés en esclavage.

Lisez les récits des missionnaires, des voyageurs de toutes nations, et vous comprendrez qu'il n'y a aucune exagération en ces lignes. Donnons quelques extraits :

« En novembre 1882, je quittai avec mes vapeurs, nous raconte le célèbre Stanley, le confluent de l'Arouwimi. Mon expédition croisa au large une flotte immense, forte au moins de mille canots. Vue de loin, c'était comme une cité flottante. Je rencontrai encore d'autres flottilles de moindre importance, pagayant et descendant le fleuve. Evidemment il se passait dans le pays quelque événement extraordinaire.

« J'en eus l'explication, en arrivant chez les Mawembé. Toute la contrée était dévastée; les villages n'étaient plus que des amas ravagés et brûlés; les palmiers et les bananiers étaient rôtis par le feu; les populations affolées se pressaient sur les rives. Quelle était la cause d'une si grande désolation?

La chasse à l'homme!

Les pirates arabes venaient de conduire jusque

chez les Mawembé leurs bandes, qui s'étaient abattues sur le pays, le mousquet d'une main et la torche de l'autre. Les villages avaient été surpris pendant la nuit ; les hommes qui avaient voulu résister, avaient été massacrés ; le reste, avec les femmes et les enfants, était emmené en esclavage. Partout régnaient la ruine et la terreur ; les populations voisines, terrifiées, fuyaient vers le nord.

« Les assaillants ne pouvaient être loin. Je les rencontrai campés au bord du Congo ; pour la première fois, ils venaient de pousser leurs razzias aussi avant vers l'ouest. Plus de mille trois cents esclaves étaient dans leur camp. »

En 1876, Stanley avait écrit : « Les chasseurs d'esclaves avaient incendié le village de Kihouéça, aux environs du lac Tanganika. Des signes évidents prouvaient que la dévastation était récente : les débris de charpentes et de palissades fumaient encore ; les foyers avaient conservé leur chaleur, et les cadavres n'étaient pas putréfiés. »

Notre compatriote, l'intrépide de Brazza, écrit, en 1878 : « Les Anghiés (Congo) forment une tribu guerrière et redoutée de tous les peuples voisins ; ils sont armés de fusils et font de fréquentes razzias hors de leurs frontières. Les esclaves qu'ils font dans leurs courses, sont emmenés dans des contrées si lointaines qu'on n'a pas souvenir d'en avoir jamais revu un seul. »

Mgr Comboni, missionnaire catholique dans l'Est de l'Afrique écrit en 1875 : « Les Gnoumas (Soudan égyptien), braves et de haute taille, massacrent les musulmans qui viennent pour les enlever et les vendre comme esclaves.

« Le gouverneur du Kordofan pour le Khédive veut assujettir les tribus voisines. Il leur impose un tribut annuel, payable en argent, en bestiaux ou en esclaves. Pour recouvrer la taxe, on envoie des officiers supérieurs avec de nombreux soldats. Ceux-ci perçoivent les impôts à coup de bâton et de cravache ; en outre, ils s'emparent des troupeaux, enlèvent les femmes, les enfants, massacrent les récalcitrants. »

Est-il rien de plus lamentable que le récit suivant du D\u02b3 Nachtigal, voyageur, en 1870, au Soudan central ?

« Les Bouddoama, riverains du lac Tchad, attaquèrent un gros village schôa, massacrèrent une partie de la population mâle, et emmenèrent le reste, femmes et enfants, en captivité.

« Les Baghirmiens me forcèrent d'assister au sac

d'une localité nommée Kimré, près de Broto. Les assignés s'étaient réfugiés sur de hauts cotonniers. Les assiégeants, au nombre de deux mille firent, malgré les traits, l'escalade des arbres. Les hommes qui résistèrent furent tués à coup de fusil. Les femmes et les enfants furent tirés violemment de leur refuge ; pas un cri, pas une plainte ne sortit des lèvres de ces malheureux, qui se laissèrent lier en faisceaux, pour s'en aller en esclavage, l'âme brisée par la mort des leurs et l'anéantissement de leur liberté.

« Le cotonnier dont on eut le plus de peine à faire la conquête, était occupé par un homme seul, qui, renonçant à toute espérance, avait commencé par se réfugier dans sa hutte faite sur l'arbre. Celle-ci ayant pris feu, il se retira au sommet du cotonnier. Enfin, il fut blessé et tomba. On le mit en pièces.

« A ce moment, on aperçut deux jeunes garçons, à peine adolescents, qui battaient en retraite, à leur tour, vers les hauteurs extrêmes de l'arbre. Ils restèrent là jusqu'à ce que les vainqueurs vinssent à eux ; puis, sitôt que ceux-ci s'approchèrent, avec l'héroïsme du désespoir, ils se précipitèrent en bas. La mort leur avait paru préférable à la servitude. En les voyant rouler de branche en branche, je ne pus m'empêcher de fermer les yeux devant l'horreur de ce spectacle. Une minute après, les deux pauvrets n'étaient plus que des masses informes gisant à nos pieds, la tête coupée.

« Le chef du village se sauva au haut d'un arbre avec deux femmes et quatre marmots : il ne put être atteint.

« Les vainqueurs revinrent à Broto avec cinquante captifs. »

Les négriers ne respectent ni l'âge ni la faiblesse de complexion de leurs victimes. M. Paillard, missionnaire catholique à Massouah, écrit en 1887 : « Les Italiens, faisant à Massouah une chasse en règle aux marchands arabes qui se livrent, sans vergogne, à leur honteux trafic de chair humaine, ont été assez heureux pour opérer deux râfles importantes. Sur la prière du général, nos bonnes Filles de la charité ont accepté, pour les élever et les établir, quarante-huit enfants gallas, des deux sexes, enlevés par les négriers. »

« Chaque année, nous dit M. Depelchin, missionnaire catholique au Benguela en 1879, les Matabélés amènent, des contrées limitrophes, de nombreux enfants, filles et garçons, depuis un an jusqu'à deux ans. Les pères ont été massacrés et les mères sont réduites en esclavage. »

Les Africains le plus en contact avec les Européens, les plus civilisés, lorsqu'ils ont le malheur de ne pas professer la religion chrétienne, aiment à réduire leurs frères en esclavage.

« Le Maroc, dit le journal français le *Soleil*, en août 1890, a cinq ou six millions d'habitants. C'est un foyer permanent de rébellions. Pour les réprimer le Sultan fait des razzias et brûle des villages. On tue les hommes valides ; on emmène les femmes et les enfants comme esclaves. »

Demays, dans le *journal* français *des Voyages,* en novembre 1889, nous donne les détails suivants qui font frémir :

« Dès 1861, Livingstone ne reconnaît plus la région du lac Nyassa, pour laquelle il avait formé tant de plans. Les bêtes fauves parcourent seules les plantations ; un silence de mort pèse sur les villages ; les portent ne s'ouvrent plus pour donner l'hospitalité. Sous les toits effondrés par la pluie ou carbonisés par l'incendie, il n'aperçoit que des squelettes ; la Schiré charrie des convois de cadavres, et c'est fête pour les crocodiles.

« Çà et là, au milieu des roseaux et portés sur un radeau, tristes débris de leurs demeures, quelques misérables, après avoir constaté que le passant n'est pas un chasseur d'hommes, relevaient la tête et tendaient les mains pour demander un peu de nourriture.

« Quand les chasseurs d'hommes sont plus près, on peut voir les bandes de fuyards gagner les bois; on entend les coups de fusil, les cris des blessés et les gémissements des mourants. Il faut que cette chasse soit bien active, puisque le consul anglais de Zanzibar, M. Rigley, déclarait à Livingstone que la région du Nyassa fournissait, chaque année, à cette île, dix-neuf mille nègres.

« Mais, pour un homme enlevé, combien en périt-il dans les luttes ou dans les misères qui les suivent? Livingstone arrive à cette réponse effrayante : les esclaves, sur certains points, représentent le *cinquième* et, sur d'autres le *dixième* seulement des victimes de la traite. Mais détournons les yeux de l'effroyable boucherie qui décime ainsi chaque année la population de l'Afrique. »

Barbares négriers, de quel droit vous emparez-vous de ces pauvres noirs? Jadis, vos imitateurs mahométans s'emparaient des blancs sur les rives de France, d'Italie et d'Espagne, sur la Méditerranée, pour les réduire en un triste esclavage. Ils ont reçu leur châtiment. Prenez garde, négriers de l'Afrique ! Si, de bonne volonté vous ne mettez un terme à vos brigandages, les européens énergiques, aimant Dieu et leurs frères opprimés, iront vous trouver au milieu de vos antres, vous arracher vos victimes et vous fusiller sans pitié en cas de récidive.

CHAPITRE III

La voie douloureuse des esclaves.

Le village a été pris et brûlé. Les parents et les enfants captifs sont enchaînés. Ils se lamentent... Ce n'est que le prélude de leurs souffrances. On va les diriger sur un comptoir, sur un marché...

Chargés de paquets, le cou dans des entraves, quelquefois enchaînés par les mains et par les pieds souvent, ils s'avancent péniblement à travers les plaines et les bois, à travers d'arides déserts. Que de larmes durant ce triste voyage ! Leurs surveillants les font relever à coups de fouet, s'ils tombent épuisés par la fatigue, la chaleur, la faim. S'ils ne peuvent suivre leurs compagnons plus robustes, on les abandonnera sur la route, sur laquelle ils seront à la merci des bêtes fauves, ou un négrier inhumain leur abattra la tête d'un coup de sabre.

Citons quelques témoignages de missionnaires et de voyageurs.

M. Lourdel, missionnaire catholique, écrit du Nyanza en 1889 : « Les nègres vendent leurs esclaves chez les négriers musulmans. On les entasse comme des moutons sur de misérables pirogues, les uns sur les autres. Ils succombent en partie, sous les coups de la fièvre, de la petite vérole, de la peste. Dans le voyage, les plus grands ont le cou pris dans un long bois fourchu, dont les deux bouts sont joints ensemble par une traverse. Souvent les femmes qui ne sont pas liées tâchent de tromper la vigilance de leurs gardiens ; mais cela leur est difficile, et, si parfois elles sont reprises, elles expient leur amour de la liberté par un surcroît de mauvais traitements, sinon par la mort. Les chefs vendent parfois, pour la plus petite faute, ou pour se procurer un peu d'étoffe, des enfants, des jeunes filles qui leur ont été confiés par les gens de la campagne. »

Richardson, voyageur si intrépide, nous fait frémir d'indignation par le récit suivant : « Le gouverneur de Zinder projette une chasse aux esclaves sur le territoire du Bornou. Il part, suivi d'une bande nombreuse... Ce matin, un cri s'est élevé dans la ville : « Voici le gouverneur qui revient ! » Chacun sort pour voir arriver les nouveaux esclaves. On ne saurait imaginer un plus affreux spectacle. En le contemplant, la tête me tournait.

« D'abord s'avançait un cavalier qui montrait le chemin, et les malheureux captifs le suivaient. Les petits garçons, sans vêtements, marchaient les premiers avec l'heureuse insouciance qui les caractérise partout. Après eux on voyait les mères portant leurs nourrissons ; puis venaient les jeunes filles de tout âge, depuis celles qui étaient encore dans leur première enfance jusqu'à celles qui avaient atteint toute leur stature.

« On voyait ensuite les vieillards courbés par l'âge, qui se traînaient avec leurs têtes blanches. Les femmes âgées s'appuyaient sur de longs bâtons et plusieurs avaient l'apparence de vrais squelettes. Enfin, à la suite de cette foule confuse, paraissaient en longues files les hommes faits et les jeunes gens fortement enchaînés par le cou.

« On m'a positivement assuré que la vente des malheureux vieillards des deux sexes ne produira pas plus de 1 fr. 25 par tête. »

Notre courageux compatriote Viard qui a voyagé au Bénué, s'écrie : « Rien de plus lamentable à voir qu'un convoi d'esclaves destinés à être vendus.

Reliés l'un à l'autre, ils fournissent ainsi de longues étapes, des charges écrasantes sur la tête; car, en même temps que le commerce d'hommes, le maître fait aussi celui d'échange avec les comptoirs.

« Malheur au malade ou au fatigué! S'il ne peut reprendre la route, s'il ne peut être troqué dans l'endroit où se trouve la caravane, il est massacré sur place. Des aliments! ils en ont à peine pour soutenir leurs forces, et ils vont ainsi pendant des semaines, pendant des mois peut-être, avant d'être définitivement achetés. »

Rien de plus navrant que le tableau présenté par le compatissant Paul Soleillet, en 1878 : « Je me reposais un matin, dit-il, avec mon escorte, non loin du village de Tombeloukané (Soudan). Tout à coup je vois défiler de ce village une longue série d'enfants. C'était un convoi d'esclaves. Ils passent, les pauvres petits, à vingt-cinq pas de moi.

« J'en compte d'abord huit de sept à douze ans, sans vêtements, les filles comme les garçons, portant sur leur tête un petit paquet. Après eux marche un garçon de douze ans, un paquet sur la tête et un autre sous le bras droit. De la main gauche, il soutient un bambin de huit ans, boitant lamentablement, qui a un pied empaqueté dans des feuilles sèches avec de la boue....

« Suit une petite fille d'une douzaine d'années. Elle a un chiffon d'étoffe autour d'elle et porte un petit d'un an à peine suspendu derrière le dos. Elle soutient d'une main le paquet dont sa tête est chargée et entraîne de l'autre un enfant qui n'a pas certainement plus de trois ans.....

« Ils passent, les pauvres petits, mornes et résignés. Ils regardent droit devant eux, d'un œil fixe.....

« La caravane n'est point terminée encore. Il y a les bébés; ils sont cinq de trois à cinq ans, maigres, chétifs, mais souriant innocemment et regardant curieusement à droite et à gauche en montrant leurs dents blanches, étonnés et inconscients. Derrière eux marche péniblement une jeune femme qui boite. Elle a le regard terne, les seins desséchés et porte sur le dos un nourrisson de quelques jours à peine.

« Un grand garçon de treize à quatorze ans, vêtu d'un méchant boubou jaune, surveille. Il va et vient, donnant une taloche par-ci, par-là. C'est le chien du troupeau. Il est esclave, il le sait, mais il a le droit de frapper et il frappe; il commande, il est heureux.

« A cinquante pas derrière s'avance, en se dandinant, une sorte d'hercule noir. Il est bien vêtu, lui, il a un beau boubou, un bonnet jaune à oreillères et de bonnes sandales de Segou. Il tient une gaule à la main... C'est le maître.

« Il vient à nous, veut me tendre la main ; je le repousse brutalement. Alors, sans s'étonner, il sourit et repart. »

Lisez les voyages de Max et de Jouffroy en Afrique et vous serez épouvantés. « Près de Kisarasara, Ouganda, nous rencontrâmes une chaîne d'esclaves conduits par des traitants arabes. Ces malheureux étaient enchaînés vingt par vingt, et portaient en outre de lourds fardeaux, pendant que leurs gardiens montés sur leurs ânes surveillaient tranquillement le fouet à la main.

« Les femmes surtout faisaient pitié à voir. Que l'une de ces malheureuses portant parfois un enfant outre sa charge, vienne à tomber vaincue par la fatigue, entraînant souvent la chaîne entière, aussitôt un des conducteurs met pied à terre. Le fouet fend l'air en sifflant et s'abat sur le dos, sur les épaules de la triste victime, laissant de longs sillons sanglants. Les coups redoublent ; le sang coule toujours.

« Quelquefois la douleur donne à la pauvre créature une énergie factice; elle se relève en trébuchant et va reprendre sa place; mais le plus souvent elle ne peut se relever. On l'abandonne alors aux fauves du chemin. »

Nos yeux se mouillent de larmes aux pages suivantes de Morans, rédacteur au *journal* français *des voyages,* novembre 1890 : « La traite sévit encore à côté de l'Algérie et les battues d'esclaves continuent à ensanglanter le Soudan et l'Afrique centrale. Les bandes de négriers comptent quelquefois jusqu'à six mille hommes. Le pays est réparti de manière à ne pas gêner le voisin. On remonte le Nil Bleu; on visite les bords du lac Nô et du Bahr-el Ghazal.

« Les nègres, armés à peine de lances inoffensives, timides, sont vaincus d'avance.... Hommes, femmes, enfants, le plus souvent liés ensemble au moyen de longues cordes de lianes, sont entraînés à travers les immenses solitudes du désert. Ils sont à peu près privés de nourriture, parce que les ravisseurs aiment mieux économiser leurs provisions que de sauver la vie à quelques-uns de leurs prisonniers.

« Les chameliers attachent d'ordinaire les outres

et les seaux l'ouverture du côté de la tête de l'animal. Si un esclave, dévoré par la soif, s'avise de dérober une goutte d'eau, le chameau, qui est altéré aussi, se met à crier et s'arrête dès qu'on touche à la provision. De cette manière le traitant est averti et corrige l'imprudent... De pauvres nègres se sont arrêtés pour mourir; un peu d'eau aurait pu les sauver....

« Les enfants ont suivi la caravane tant que leurs petites jambes ont pu marcher, puis ils ont été abandonnés, quand leurs mères n'ont plus eu la force de les porter.

« Ainsi que Stanley a pu le constater, trois cents trafiquants arabes, en moins d'un an, ont mis à sac la région, aussi grande que l'Irlande, qui s'étend entre le Congo et le Loubiranzi. Ils ont fait deux mille trois cents captifs.... Les femmes âgées pliaient sous les paniers de charbon ou des sacs de cassave et de bananes. Les jeunes gens avaient autour du cou des carcans que des anneaux retenaient à d'autres carcans. Les enfants de plus de dix ans avaient les jambes attachées par des anneaux de cuivre qui gênaient tous leurs mouvements. Les mères avaient des chaînes qui festonnaient leur sein et y maintenaient les enfants en bas âge. »

« Pendant tout l'été de 1889, nous dit le même écrivain, le commerce des esclaves a été extrêmement florissant en Afrique. Les marchés sont dissimulés.... Les esclaves s'écoulent par le Sahara, par le Nil, par l'Arabie... Le sloop royal anglais l'*Osprey*, dans la mer Rouge, s'est emparé dernièrement de trois bâtiments arabes. Des perquisitions minutieuses à bord révélèrent que ces trois navires contenaient plus de deux cents esclaves, hommes, femmes et enfants, pour la plupart chrétiens d'Abyssinie, que l'on voulait transporter en Asie. Ces malheureux, dont l'état était déplorable, furent mis en liberté.

« Les noirs, capturés dans l'intérieur de l'Afrique, sont amenés par petits groupes, sur plusieurs points des côtes, loin des centres européens. Deux esclaves entrent dans une barque de pêcheur : on traverse la mer Rouge et on aborde en Arabie pour un marché connu des acheteurs. »

« Souvent, nous dit Morans, les noirs, sur les barques de négriers, sont assiégés par des fièvres pestilentielles. Le bâtiment est un véritable hôpital et les malheureux meurent comme des mouches. Quelques-uns, affaiblis par la maladie, se donnent eux-mêmes la mort sur les navires qui les emportent. »

Je lis, en février 1891, dans le *journal* français *des voyages*, les lignes émouvantes qui suivent, signées de Jules Gros : « M. Féraud, attaché comme interprète militaire à l'expédition française d'El-Goleah, en 1872, raconte que l'on vit un jour, devant El-Oued, accourir dans le camp un esclave fugitif, un jeune nègre de vingt à vingt-cinq ans, à la physionomie expressive. Originaire de l'ouest du lac Tchad, il avait été fait captif et vendu aux Touaregs Isben. Durant son voyage, une chaîne était rivée à son cou et à son pied. La marche dans le pays des sables fut très pénible : souvent il fallait marcher depuis le lever du soleil jusqu'à son coucher. Si les prisonniers ralentissaient leur allure, ils recevaient des coups de lance.

« Ce récit fera naître dans le cœur de nos lecteurs une horreur nouvelle contre cet ignoble trafic de chair humaine, qui ne trouve plus de débouchés que dans les pays musulmans. Puissent les mahométans comprendre toute l'inhumanité de ce marché de bétail humain ! »

Nous avons assez parlé des souffrances des esclaves sur la voie douloureuse qui mène au marché public. Européens, laissez-vous attendrir. Secourez ces pauvres nègres et sur terre et sur mer; unissez-vous pour arrêter ces caravanes lamentables; exercez une surveillance attentive pour arrêter sur les côtes ces bâtiments négriers qui arborent frauduleusement vos pavillons. De l'énergie! De l'entente entre vos armées, entre vos flottes! Vous serez les plus forts, et vous rendrez à la liberté ces infortunés noirs qui tendent vers vous leurs mains suppliantes.

CHAPITRE IV

Enfin le voyage est accompli. On arrive au marché public. La joie va sans doute succéder à la tristesse et on ne versera plus de larmes. Hélas! ce sont de nouvelles souffrances, des souffrances morales, les plus pénibles.....

Spectacle qui fait dresser les cheveux sur la tête ! Les esclaves sont vendus publiquement ou dans des maisons particulières, aux enchères. Les acheteurs arrivent de tous côtés, examinent de la tête aux pieds les nègres qui se présentent à eux, sans vêtements, sans distinction de sexe : on veut savoir s'il n'y a nulle infirmité, si la constitution est robuste.

L'esclave est acheté. Le maître l'emmène à coups de fouet s'il crie, s'il ne veut pas se séparer des bras de ses parents, de sa femme, de son mari, de ses enfants. Les parents sont vendus à un maître, les enfants à un autre. Les époux sont séparés de leurs épouses. Que de lamentations ! Que de déchirements de cœur ! Croyez-vous, lecteurs, que les nègres n'ont pas de sensibilité ? Ces infortunés souvent ne se revoient jamais. Pour eux il ne doit pas y avoir de lien conjugal ; pour eux le sentiment de la paternité ne doit pas exister ; pour eux il ne doit pas y avoir d'amour filial !...

Combien coûte un esclave ? L'adulte est vendu de 200 à 500 francs dans les contrées de l'Egypte, 300 francs au Dahomey, 100 francs au Maroc. Un enfant coûtera de 60 à 150 francs. Pouvez-vous le croire, lecteurs ? Quelquefois, on aura un esclave pour un fusil, pour un chien, pour un peu de calicot, pour un rien. Est-ce assez lamentable ?

Offrons quelques témoignages. Demays, dans le *journal* français *des Voyages*, écrit en mars 1891 : « Nous ne décrirons pas le spctacle hideux des bazars d'esclaves dans les régions sénégambiennes. Qu'il suffise de dire que, dans une hutte entourée de barrières, sont parqués comme un troupeau, de nombreux esclaves des deux sexes, de tout âge, jusqu'à des nourissons non sevrés. Les courtiers mesurent la taille, visitent les dents, tâtent les épaules de la marchandise vivante... »

M. Terrieu, missionnaire catholique sur la côte des Esclaves, écrit en 1882 : « Les nègres captifs sont exposés en vente. On inspecte tour à tour tous les membres de leurs corps pour s'assurer des services que l'on en peut attendre. »

Est-il rien de plus émouvant que le récit de M. Beltrame, missionnaire catholique italien ? « J'ai assisté à Khartoum, nous dit-il, à un triste marché de chair humaine. C'était un vendredi, jour de fête chez les Musulmans. Ce-jour là les habitants des villages voisins étaient venus nombreux à la ville, car ils savaient qu'un grand nombre d'esclaves seraient en vente. J'allai donc, bien qu'à contre-cœur à ce grand marché pour m'assurer encore une fois de ce qu'on ne croirait pas avoir existé dans l'antiquité, et qui existe encore aujourd'hui (XIXe siècle) dans quelques parties de l'Orient et de l'Afrique.

« J'ai vu les courtiers parcourir le bazar, traînant sans pitié au milieu de la foule de malheureuses créatures, destinées à être vendues et dont ils proclamaient le prix à haute voix. Là, étaient des enfants ravis depuis peu à leur mère et allaités par une esclave ; ici, une famille entière, composée d'un vieux père et d'une mère éplorée, qui serrait dans ses bras un petit enfant malade, en tenant à la main une petite fille; ailleurs c'est un pauvre petit estropié que l'on sépare de son père à coups de fouet et que l'on vend à un autre marchand.

« J'ai vu une pauvre fille qui pleurait et qu'on ne pouvait pas consoler, parce qu'elle était contrainte de quitter sa chère mère qui la regardait dans la stupeur et l'immobilité, tandis que d'abondantes larmes... Mais arrêtons-nous, la plume se refuse à décrire des scènes si horribles. »

Max et Jouffroy, voyageurs français déjà cités, nous décrivent un bazar d'esclaves près de Lopé, dans l'Okanda. On ne saurait concevoir rien de plus révoltant : « Un interprète disent-ils, nous conduisit devant deux grandes cases de bambou... La première hutte était réservée aux hommes. Ils étaient bien cinquante, accroupis sur leurs talons ou étendus sur le sol. D'énormes *bûches de bois* percées au centre d'un trou, enclavaient la jambe des captifs : ingénieux système pour rendre toute invasion impossible. La bûche ne quitte jamais la jambe de l'esclave, pas même en marche; mais alors il a la faculté de la soutenir avec une corde.

« On nous conduisit à la deuxième case. Là, le spectacle était tout aussi navrant. Des femmes, des enfants vêtus de haillons, gisaient pêle-mêle pleurant, criant et, chose bien triste à dire, se querellant quelquefois. »

Vous ne frémissez pas encore assez d'indignation. Citons les paroles du P. Guillemé missionnaire français catholique, venant en 1887 au marché d'esclaves d'*Oujiji* (Tanganika), pour racheter quelques-uns de ses fidèles enlevés de leur village : « *Oujiji*, dit-il, est le centre où aboutissent toutes les caravanes d'esclaves pris dans l'intérieur et dirigés vers l'Est. C'est là que se réunissent tous les vauriens (wauguanas) musulmans, pour concerter entre eux de quel côté et dans quel pays ils feront leurs courses.

« La ville venait d'être inondée de captifs. Ces malheureux, à raison du nombre étaient à bon marché. On m'en proposait à vil prix, mais presque tous exténués de fatigue, de misère et mourant de faim. La place était couverte d'esclaves en vente, attachés en longues files, hommes, femmes, enfants, dans un désordre affreux, les uns avec des cordes, d'autres avec des chaînes.

« A quelques-uns on avait percé les oreilles, pour y passer une petite corde qui les retenait unis. Je reconnus un de mes jeunes chrétiens, sans aucun vêtement, la figure bouleversée. Je le rachetai avec empressement pour le ramener à ses parents désolés.

« Dans les rues on rencontrait à chaque pas des squelettes vivants se traînant péniblement à l'aide d'un bâton. Ils n'étaient plus enchaînés parce qu'ils ne pouvaient plus se sauver. Ils se mouraient de faim plutôt que de maladie. Les larges cicatrices qu'ils portaient sur le dos, attestaient qu'ils avaient souffert de mauvais traitements de la part de leurs maîtres. D'autres, couchés dans les rues, attendaient la fin de leur misérable existence. »

Mgr Bridoux, vicaire apostolique du Tanganika, confirme, en 1890, la narration du P. Guillemé :

« *Oujiji*, s'écrie-t-il, regorge toujours d'esclaves. Les environs de la ville sont un ossuaire, un charnier. Les sentiers sont bordés de crânes et de squelettes. »

Autrefois Européens, on voyait vos aïeux exposés en vente au milieu des marchés d'Alger, de Tunisie. Malgré leurs larmes on les dénudait, on les examinait de la tête aux pieds, et on les vendait au plus offrant. Saint Vincent de Paul, un de nos saints catholiques, fut ainsi vendu inhumainement.

Vos pères au commencement de ce siècle, s'indignèrent, s'emparèrent des nids de forbans de Barbarie, et mirent un terme à de pareilles abominations. Les noirs de l'Afrique sont vendus actuellement comme un vil bétail. Ils sont sans protecteurs. Européens généreux, secourez vos frères, supprimez tous les marchés d'esclaves.

CHAPITRE V

L'habitation du maître.

L'esclave est introduit dans la maison du maître, à la ville ou à la campagne. Le terme de ses maux est sans doute arrivé ; ses larmes vont être séchées. Il n'en est rien. De nouvelles souffrances l'attendent.

Les travaux les plus pénibles sont donnés à l'esclave, chez les Musulmans comme chez les Païens.

Les Musulmans, pour la plupart, il faut l'avouer, nourrissent bien leurs esclaves tant qu'ils sont valides ; mais la nourriture est souvent défectueuse parmi les peuplades qui professent le paganisme. Horreur ! parmi les Païens l'esclave est quelquefois un objet d'alimentation...

L'esclave, partout, est exposé à de mauvais traitements. Le bâton, le fouet, des lanières d'hippopotame, sont des instruments de punition. Les châtiments sont souvent immodérés.

Des jeunes filles, des jeunes femmes esclaves,

sous les menaces les plus terribles, perdent souvent leur honneur avec leurs maîtres, même mariés.

Quelquefois, les maîtres ont le caprice de faire changer de religion à leurs esclaves chrétiens. Si l'on résiste, ce sont de mauvais traitements à subir.

L'esclave, dans la maison du maître, n'a pas souvent la perspective de la liberté. Il est légué aux héritiers; on le vend pour payer une dette. Quel supplice de se voir prisonnier pour toute sa vie!

Si l'esclave devient vieux, malade, il est chassé et abandonné au milieu des voies publiques, au milieu des bois.

Si l'esclave s'échappe, il est poursuivi. S'il est repris, la vengeance du maître sera terrible...

Des parents, des amis, viennent quelquefois racheter des esclaves. Des maîtres généreux affranchiront parfois quelques esclaves. Ces cas sont rares.

Présentons quelques preuves à l'appui de nos assertions. Nous lisions les lignes suivantes dans le journal français le *Soleil*, en mai 1891 : « L'esclavage, proscrit officiellement en Tunisie, y fleurit en secret. Pourvu que les conducteurs de la caravane d'esclaves dissimulent adroitement, en les enfermant dans des sacs en alfa, les femmes et les enfants qu'ils ont à vendre, pourvu surtout que le pourboire donné aux employés indigènes de la douane tunisienne soit suffisant, on entre librement à Tunis et on déballe la marchandise dans quelques maisons connues des amateurs.

« Parfois des esclaves maltraités, torturés par leurs maîtres, arrivent à s'enfuir et vont se plaindre aux autorités ; mais les réclamations sont presque toujours étouffées quand elles se produisent devant le tribunal indigène, dont sont généralement justiciables les maîtres d'esclaves en qualité de sujets tunisiens.

« On n'a pas pu mettre la lumière sous le boisseau pour le cas d'une jeune esclave de seize ans, appartenant à *Bournaz el Onnabi,* conseiller municipal de Tunis. Bournaz, qui l'avait achetée à Tunis même quand elle avait dix ans, lui avait ravi son honneur et en avait fait sa domestique. Il lui administrait des coups de pied et des coups de bâton. Quelquefois il la suspendait par les pieds, la rouait de coups en cette posture et la frappait sur la plante des pieds avec des branches d'olivier.

« La petite Fateima s'enfuit et se plaignit au tribunal français. Bournaz fut condamné à 300 francs d'amende. »

Les autorités françaises en Tunisie, à mon avis, ne sont pas assez sévères ; elles devraient parcourir les maisons tunisiennes et faire fusiller les maîtres qui auraient donné une blessure mortelle à leurs domestiques.

Ed. Viard, voyageur français au Benué nous intéresse par ses récits : « Au Bas-Niger, dit-il, les prisonniers sont faits esclaves. Pendant plusieurs jours, ils sont enchaînés devant la maison de leurs maîtres, afin que les gens de la tribu puissent les reconnaître s'ils venaient à s'évader. Ils ont la figure et la tête rasées. Ils vont presque sans vêtements et sont occupés, soit aux travaux de la terre, soit à des ouvrages dans la maison. Les femmes sont occupées à la cuisson des aliments, à l'écrasement des grains, au transport du bois et de l'eau, à la confection des nattes....

« Le sort des prisonniers faits par les Mitchis, peuple fétichiste et batailleur, est bien à plaindre. Tout ce que l'on peut imaginer de privations et de souffrances leur est infligé et beaucoup trouvent un tombeau dans l'estomac de leurs vainqueurs. »

« Les Touareg du Sahara, nous dit l'intrépide H. Duvergier, ont des esclaves amenés de la Nigritie. Ces esclaves pourvoient à tous les travaux.

Ils sont la chose du maître, peuvent être vendus sur le marché, séparés de leur famille. »

M. Terrieu, missionnaire catholique sur la côte des esclaves, écrit en 1882 : « Les nègres doivent embrasser la religion de ceux qui les achètent. Leur vie est à la discrétion de ceux qui les possèdent. Nul n'est tenu dans l'Afrique de rendre compte de la mort de ses esclaves. On traite avec assez d'humanité les esclaves tant qu'ils se portent bien : on craindrait autrement qu'ils ne mourussent trop tôt. Mais dès qu'ils sont vieux ou malades, on les chasse à coups de bâton jusqu'à ce qu'ils aillent mourir dans la rue ou à l'hôpital des missionnaires. »

J'ai lu, dans les annales des missions de Barbarie, qu'une jeune femme chrétienne faite esclave fut sollicitée par son maître musulman à embrasser la religion de Mahomet. Fidèle à ses convictions religieuses, elle eut le courage de refuser.... Elle fut rouée de coups et mourut piétinée....

Le P. Sébire, missionnaire catholique en Sénégambie, écrit en janvier 1890 : « A Varan, plusieurs Diolas enlevés sont gardés dans les habitations des Sosés. Plusieurs sont roués de coups jusqu'à la mort. »

Terminons ce chapitre par l'histoire émouvante

d'un nègre devenu prêtre catholique, Dom Daniel Dharim, lequel écrivait en 1888 : « Je suis du pays des Dinkas, Nil Blanc. Je perdis mon père à l'âge de huit ans et restai près de ma mère avec quatre sœurs. Des Arabes, armés de fusils, attaquèrent ma tribu et la dispersèrent. Mes quatre sœurs furent vendues malgré leurs larmes. Ma mère et moi, achetés par le même maître, nous fûmes conduits à El-Obéid, où se trouve un orphelinat catholique, non obligé, par privilège, à rendre les esclaves qui s'y réfugient. Que de mauvais traitements j'eus à subir dans la maison de mon maître ! Exaspéré, je me sauvai un jour à l'orphelinat. Redoutant un châtiment terrible si je revenais, j'eus la persévérance de rester avec mes protecteurs, et devins prêtre catholique. »

Européens, nous avons assez décrit les souffrances des esclaves en Afrique. Vous êtes assez instruits maintenant. Soyez touchés de pitié, et examinez avec moi les remèdes à de si grands maux.

CHAPITRE VI

Remèdes à l'esclavage.

PREMIER REMÈDE

Protéger les missionnaires.

En septembre 1890, l'Italie, le Portugal, l'Angleterre, l'Allemagne, ont signé une convention pour assurer la liberté des cultes et la protection des missionnaires en leurs possessions respectives d'Afrique.

C'est une convention intelligente et heureuse. Les missionnaires catholiques, les missionnaires des diverses Églises chrétiennes prêchent l'amour de Dieu et du prochain, prêchent l'abolition de l'esclavage. Les gouverneurs des colonies européennes sur le continent noir devront aider ces hommes bienfaisants, faire respecter leur vie, leurs biens, leur offrir les subsides qui leur sont nécessaires. Que d'esclaves ont été affranchis, rachetés par nos prêtres catholiques, par nos religieuses catholiques, par les missionnaires des diverses églises chrétiennes ! Les Catholiques soutiendront l'œuvre de la Propagation de la foi qui fournit à leurs délégués l'argent nécessaire au rachat des captifs.

Je ne veux pas que les missionnaires des diverses communions chrétiennes s'injurient, soulèvent les noirs contre leurs adversaires, brûlent les résidences de leurs adversaires. Ils doivent être polis les uns pour les autres, discuter paisiblement sur leurs opinions religieuses, *embrasser la vérité* quand ils l'ont reconnue.

J'ai lu avec plaisir les lignes suivantes écrites par M. Depelchin, missionnaire catholique au Benguela (1879) : « Les résidents anglais nous donnent mille marques d'amitié. Il n'est pas jusqu'aux ministres protestants avec qui nous n'ayons aujourd'hui, malgré nos dissentiments religieux les meilleures relations sociales et civiles. »

DEUXIÈME REMÈDE

Multiplier les écoles, les asiles, pour les enfants des deux sexes.

Un pays se régénère par l'enfance, par la jeunesse. Les enfants, comme une cire molle, reçoivent l'instruction que ne reçoivent pas souvent des personnes âgées, dont le cœur est enraciné dans des habitudes perverses. Missionnaires, professeurs à l'esprit généreux, multipliez en Afrique les écoles, les orphelinats, les écoles professionnelles. Ces enfants que vous instruisez, ces orphelins, ces rachetés que vous élevez apprendront à aimer leurs frères, connaîtront les horreurs de l'esclavage, aimeront le travail et n'estimeront pas, comme la plupart de leurs parents, que le bonheur sur terre est d'avoir beaucoup d'esclaves pour les faire travailler et se reposer soi-même.

Une excellente mesure est d'établir une union entre ces enfants ainsi élevés, et de donner en *propriété*, à chaque ménage où il n'y aura qu'une seule épouse, une cabane et un enclos d'assez vaste étendue.

Les missionnaires des diverses communions chrétiennes ont obtenu pour les écoles, les asiles, de magnifiques résultats. Les établissements de nos missions catholiques sont en pleine prospérité : donnons-en quelques preuves.

M. Campana, missionnaire catholique au Bas-Congo, écrit en 1888 : « Cinq sœurs s'occupent de l'orphelinat des filles indigènes. Elles ont le secret de transformer ces jeunes filles. Des frères apprennent l'agriculture aux jeunes garçons. Nos jeunes gens qui se marient reçoivent en propriété une cabane et un jardin. »

Stanley visita, en 1871, l'orphelinat catholique de Bagamoyo et nous donne l'intéressante relation qui suit : « La mission, au nord de la ville, est tout un village : quinze ou seize corps de logis. Dix frères et autant de sœurs s'appliquent à faire jaillir l'intelligence du crâne des indigènes. La vérité m'oblige à reconnaître que leurs efforts sont couronnés de succès. Ils ont plus de deux cents élèves, filles et garçons.

« Les missionnaires ne se bornent pas à inculquer les dogmes religieux à de nombreux convertis ; ils leur enseignent des métiers utiles et forment des agriculteurs, des forgerons, des charpentiers, des mécaniciens, des constructeurs de bateaux. Ils ont pour tout cela des professeurs à la fois intelligents et laborieux, et les magasins qu'ils ont organisés dans la ville méritent la visite d'un étranger.

« A la mission est joint un domaine cultivé par les élèves et qui est un modèle d'industrie agricole.

« Après le repas qui rétablit mes forces défaillantes, vingt élèves des plus avancés entrèrent avec des instruments de cuivre formant ainsi un orchestre complet. J'avoue ma surprise. Voir ces jeunes têtes laineuses produire une pareille harmonie, entendre ces négrillons chanter la vaillance française, était bien fait pour m'étonner ».

TROISIÈME REMÈDE

Contraindre les nègres à cultiver les terres et les exercer au maniement des armes.

Les gouverneurs des colonies européennes partageront les terres de leur juridiction entre les familles de nègres, condamneront à un emprisonnement modéré les chefs de famille négligents pour la culture de leurs possessions. Les nègres, ayant en abondance les productions nourrissantes du sol, ne vendraient plus alors leurs enfants pour un morceau de pain.

Je voudrais que les Européens exerçassent les noirs de leur juridiction au maniement des armes, les habitants des pays amis au jeu des armes de guerre, tout en prenant leurs précautions pour que des révoltes n'aient pas lieu contre eux-mêmes. Alors les négriers ne seraient plus aussi hardis pour faire des razzias d'esclaves. Ils trouveraient leurs maîtres, et la crainte des balles meurtrières les retiendrait dans leur pays. C'est ici le lieu de louer l'humanité du capitaine Joubert, français généreux, qui apprend aux nègres du Tanganyka à se servir du fusil et à élever des villages fortifiés.

Pensez-vous que les nègres ne peuvent devenir de bons cultivateurs? Le P. Augouard, missionnaire apostolique au Congo, va vous répondre dans une lettre datée de 1885 : « Nous formons, dit-il, des travailleurs et les nègres nous écoutent volontiers. Certes, il a fallu de la patience pour faire un agriculteur, un charpentier d'un pauvre sauvage, mais enfin on y est parvenu. »

QUATRIÈME REMÈDE

Faire modifier le Coran des Musulmans en quelques points par le Sultan de Constantinople.

Les Musulmans sont très nombreux en Afrique. La Turquie y possède Tripoli et les côtes qui de Tripoli vont à l'Egypte. Or les Musulmans aiment les esclaves d'après le Coran. Ce livre contient les articles suivants : « Combattez contre les infidèles jusqu'à ce que toute fausse religion soit *exterminée;* mettez-les à mort, ne les épargnez point; et, lorsque vous les aurez affaiblis à force de carnages, réduisez le reste en *esclavage,* et écrasez-les par des tributs. »

Si ces articles étaient rayés du code musulman, s'ils n'étaient plus enseignés par les marabouts, la suppression de l'esclavage en Afrique, pauvre pays qui alimente d'esclaves l'empire turc, serait très avancée. Les Musulmans n'accepteraient cette réforme que sur l'ordre du Sultan de Constantinople. Ce serait une bonne œuvre de la part des puissances européennes de demander au Commandant des Mahométans cette revision du code de Mahomet.

Musulmans, pourquoi n'auriez-vous pas, comme les chrétiens, des domestiques noirs ou blancs au lieu d'esclaves? Ces domestiques seraient payés raisonnablement, se marieraient à leur volonté, se retireraient après avoir réalisé quelques économies.

Musulmans, vous priez Dieu, vous ornez vos temples, vous jeûnez, vous êtes hospitaliers : c'est très bien. Mais vous devez respecter les peuples voisins, vous ne devez réduire personne en *esclavage;* vos tributs pour ceux qui vous sont soumis doivent être raisonnables.

CINQUIÈME REMÈDE

Mettre à mort les négriers, en cas de récidive.

Les Français, les Anglais, les Italiens, les Allemands, les Portngais, les Belges, les Espagnols, par leurs colonies, englobent à peu près toute l'Afrique. J'exprime ici un désir bien légitime : je voudrais voir l'*Autriche* et la *Russie*, nations fortes, généreuses, coloniser quelques parties du continent noir.

Avec leurs troupes coloniales, en multipliant bateaux à vapeur et chemins de fer, les Européens pourront arrêter les convois d'esclaves, arrêter les négriers, mettre un terme aux horreurs de la traite. Aux grands maux les grands remèdes! Les Européens, en barrant le passage aux négriers, mettront en liberté leurs victimes, les avertiront que s'ils les surprennent de nouveau en flagrant délit, ils les fusilleront sans pitié.

Les gouverneurs européens, dans leurs possessions, remplaceront l'esclavage par la domesticité. Ils engageront les peuplades qui sont sous leur protectorat, à agir de même. Si elles ne veulent point, ils les annexeront à leurs colonies. Ils engageront les roitelets du Centre à avoir des domestiques au lieu d'esclaves. S'ils résistent, eux et leurs peuples, ils les soumettront à leur empire.

Mais, me direz-vous, lecteurs, si le Maroc, si la Turquie qui a Tripoli, ne veulent point supprimer l'esclavage, les esclaves africains s'écouleront toujours dans le Maroc et dans l'empire turc par Tripoli. Vos croisières alors, Européens, seraient impuissantes. Si les Marocains et les Turcs reçoivent toujours des esclaves de l'Afrique, je suis d'avis que les puissances de l'Europe donnent le Maroc à l'Espagne, Tripoli à la Russie, la Cyrénaïque à l'Autriche. Dure nécessité! Les Musulmans auront le bon sens, je l'espère, de supprimer *de bonne volonté* l'horrible esclavage.

Est-ce facile d'arrêter et de punir les négriers? Sans aucun doute avec de l'énergie. « En décembre 1889, nous dit le *journal* français *des Voyages,* les Allemands ont fusillé, au Zanguebar, Bouchiri, négrier arabe. Ce barbare avait capturé un détachement de noirs sous les ordres du major Wissmann, et avait fait trancher les mains à ces infortunés. »

Bonne exécution! C'est une vermine de moins sur la terre d'Afrique.

Mgr Lavigerie, en 1891, a créé les Frères armés

du Sahara, pour protéger les esclaves de rencontre. C'est une bonne idée; mais que ces Frères armés ne marchent pas *isolément*, soient bien *approvisionnés*, se méfient des *ruses* des négriers.

Plusieurs chefs de tribus indépendantes ne demandent pas mieux que d'être secondés par les Européens pour abolir l'esclavage. Voulez-vous en être convaincus? Lisez la lettre touchante de Mwanga, roi de l'Ouganda, au cardinal Lavigerie: « Moi Mwanga, roi de l'Ouganda, je vous écris père grand, pour vous informer de mon retour dans mon royaume. Nous avons triomphé des Arabes. Daignez nous envoyer des prêtres... J'ai appris que notre père le Pape vous a envoyé traiter avec les grands de l'Europe pour faire disparaître le commerce des hommes dans le pays de l'Afrique. Et moi, si les blancs veulent bien me donner la force, je puis les aider un peu dans cette œuvre, et empêcher le commerce des esclaves dans tous les pays qui avoisinent le Nyanza. »

Plusieurs peuplades, plusieurs petits royaumes ne voudront rien entendre. Les gouverneurs européens devront alors faire preuve d'énergie. Ils s'uniront avec empressement, ne se querelleront pas pour des futilités, lanceront leurs colonnes vaillantes, aidées par leurs alliés nègres : rien ne leur résistera alors; la domesticité salariée, au lieu de l'esclavage, sera admise et l'ère de bonheur s'ouvrira pour les malheureux Africains.

SIXIÈME REMÈDE
Conseiller la suppression de la polygamie.

Je traite à fond la question de l'esclavage : les esprits sérieux m'en sauront gré.

Les indigènes païens de l'Afrique désirent avoir beaucoup d'esclaves du sexe féminin pour en faire leurs épouses, les faire travailler et se reposer eux-mêmes.

Les Mahométans peuvent avoir, d'après leurs lois, autant d'épouses qu'ils peuvent en nourrir : alors ils recherchent des négresses esclaves pour les épouser. Si les Africains, si les Musulmans n'avaient qu'une épouse, répudiaient la polygamie, ils n'enverraient pas leurs émissaires dans les tribus voisines, à l'intérieur du continent noir, et la cause principale de la traite serait supprimée.

Citons les paroles du docte Bergier, à ce sujet : « La polygamie ne peut être établie chez une nation qu'aux dépens des autres. Les polygames n'ayant pas assez de personnes à épouser dans leur pays, volent ou achètent des épouses dans les pays voisins, lorsqu'ils sont assez puissants. De là des rapts, des guerres sans fin, la désolation dans les familles. La polygamie a favorisé grandement la plaie de l'esclavage. »

La polygamie est une source de divisions dans les familles, entre les parents et les enfants, dit encore Bergier.

Les gouverneurs européens en Afrique conseilleront donc à leurs administrés de renoncer à la polygamie. Ils ne l'exigeront pas : ce ne serait pas prudent, ce ne serait pas sage ; les révoltes seraient trop nombreuses et trop puissantes. Seulement ils empêcheront les vols de négresses ; la liberté pour contracter mariage devra exister. Ils demanderont à leurs alliés d'empêcher les rapts dans leurs contrées.

Les missionnaires catholiques enseignant l'unité du mariage, d'après les principes de l'Évangile de Jésus-Christ, défendant la polygamie à tout africain qui veut embrasser leur religion, le noir qui désire être catholique garde son épouse préférée et renvoient les autres, à qui on offre des partis ou qui retournent chez leurs parents. Cette fermeté ne produit que de bons résultats.

Tels sont les remèdes que je préconise pour supprimer *l'esclavage* en Afrique. Puissances européennes, établies sur ce continent, ayez une patiente énergie ; parlez haut et ferme.

Mais, lecteurs bienveillants, je n'appelle pas seulement votre attention sur les esclaves africains. Je l'appelle encore sur la sorcellerie africaine, sur les sacrifices humains usités en Afrique, sur le cannibalisme de certaines peuplades du continent noir. Pourquoi ? parceque ces coutumes abominables font périr une multitude de nègres. Abolissez ces coutumes, Européens, si vous avez des sentiments d'humanité pour vos frères noirs.

CHAPITRE VII

Sorcellerie africaine. — Remèdes.

Les sorciers sont nombreux en Afrique et exploitent la crédulité des nègres. Si un malheur, si une mort naturelle arrive dans une famille, les parents s'écrient souvent qu'un sort a été jeté sur le défunt, sur la malheureuse victime de l'accident. Qui a jeté le sort ? c'est ici la difficulté. On court chez le sorcier, auquel on fait des présents : « Le coupable ou la coupable est un tel, une telle; » répond ce *gredin*, sans connaître la vérité. Le sorcier prépare un breuvage empoisonné, et la victime désignée, un enfant quelquefois, absorbera ce breuvage.

Si le poison opère son effet, la victime est coupable, meurt et est déchirée par la foule; si le poison est inoffensif, la personne désignée est innocente et est délivrée. Quel raisonnement absurde! Quelle philosophie! Quelle barbarie! Les Européens permettront-ils de pareilles abominations ?

Entrons en quelques détails, citons quelques faits. Alfred Marche, voyageur français, va nous renseigner : « Les nègres du Gabon, du Congo dit-il, ne croient pas à la mort naturelle. Si quelqu'un meurt, ils affirment qu'un sort a été jeté sur le défunt. Le malheureux que le sorcier accuse, est obligé de se soumettre à l'épreuve du poison.

« Ce poison est très violent. Personne n'échappe à l'épreuve fatale. On peut s'accommoder avec le sorcier qui prépare le toxique. Pour un bon prix, ce toxique deviendra inoffensif. »

Quel fait épouvantable que celui qui est rapporté par un négociant français du Congo, M. Joannest !

« Non loin d'Ambrizette dit-il, un homme de Kintimiangolo était mort après trois semaines de maladie. Aussitôt chacun de crier au sortilège. Le sorcier, après des momeries ridicules, déclara que le coupable était la fille du défunt, une aimable enfant, de douze ans, qui venait souvent me vendre des bananes.

« Je fis tous mes efforts pour la sauver, faisant valoir sa jeunesse, sa parenté avec le mort. Comment admettre en effet, qu'elle ait tué son père ? Ce fut en vain. Je proposai finalement de racheter l'enfant. Je croyais ce moyen infaillible ; hélas ! je me trompais. Cependant espérant toujours, je me rendis à la cérémonie qui avait été fixée au matin.

« Elle avait lieu sur une grande place entourée d'arbres. Les habitants du village, les uns debout, les autres accroupis sur leurs talons, formaient un vaste cercle, au centre duquel se tenait le sorcier couvert d'amulettes bizarres et faisant bouillir des herbes dans une marmite. A mon arrivée, le féticheiro me lança un regard moqueur, et sa physionomie prit une expression si féroce que je frissonnai malgré moi.

« De temps à autre il jetait un coup d'œil sur la jeune fille sa victime, assise au milieu du cercle, la tête entre les mains. Par moments, elle regardait autour d'elle d'un œil hagard ; mais bien que je fusse placé en évidence elle ne me vit pas.

« Le sorcier transvasa le contenu de la marmite dans un vase en terre, et s'approcha lentement de l'accusée.

« La pauvre enfant, forte de son innocence, avait repris courage. Elle prend le vase présenté, boit à plusieurs coups, avec des grimaces qui font mal à voir. Mais son courage est au-dessus de ses forces, elle tremble de tous ses membres. On est obligé de lui faire avaler de force le reste de la liqueur. Le sorcier ne la quittait pas des yeux : on eût dit un tigre fascinant sa proie, avant de l'immoler à son appétit féroce.

« Si la condammée rend le poison à l'heure de midi, elle sera proclamée innocente; si elle ne le rend pas, elle mourra et son corps sera brûlé.

« Les battements de main des assistants accompagnaient les tambours, et chacun suivait avec attention les progrès du mal sur le visage de l'enfant. Ce ne fut d'abord que des hoquets, des grimaces convulsives, des mouvements déréglés de l'estomac. Bientôt la pauvre victime se roula à terre avec d'horribles convulsions.

« Je n'y tins plus. Pâle de rage, je sentais mon sang bouillonner dans mes veines. *Tas de misérables!* m'écriai-je, et j'allais m'élancer. Un employé de ma factorerie me saisit le bras. J'aurais eu un revolver que, je le crois, je n'aurais pas hésité à tirer sur le sorcier. Ah! l'impuissance! jamais, non jamais, je n'avais tant souffert qu'à ce moment. Rentré à la maison, je ne pus fermer l'œil de la nuit. Le lendemain, j'appris que la petite avait succombé. »

« Il est rare que le condamné échappe à la mort, dit encore Marche; mais, lorsque ce cas se présente, on recommence l'épreuve sur une nouvelle victime.

Cette fois-ci, le malheureux dénoncé boira la mort avec le poison. Autrement, s'il survivait, le crédit du sorcier en subirait une trop rude atteinte. Les feticheiro du Congo peuvent impunément boire le poison, à l'aide d'un antidote connu d'eux seuls. Les indigènes trompés par l'apparence leur croient un pouvoir surnaturel. »

En 1881, M. Beutley, de la Baptist missionnary Society, écrit de Stanley-Pool : « Au village de Nkasa, grande consultation de sorciers. Deux hommes ont été pris par des alligators. C'est un vieux chef qui est accusé d'avoir jeté un sort, et qui doit boire le poison pour se justifier.

« Le sorcier a dû préparer une dose fatale ; car, à huit heures du soir, le vieillard n'a pas encore vomi la meurtrière potion…. Nous ne pouvons rien faire…. »

M. Delorme, missionnaire catholique aux Deux-Guinées (1877), va soulever votre indignation, lecteurs :

« Des esclaves, dit-il, accusés d'empoisonnement par des sorciers sont livrés à d'affreuses tortures… Un enfant de quinze à seize ans, accusé d'avoir empoisonné son maître, fut enterré vif sous le cercueil de celui-ci… Les Boulous ont brûlé, après l'avoir coupée en morceaux, une esclave accusée d'avoir empoisonné sa maîtresse. »

Le P. Visseq, missionnaire catholique au Congo rapporte le fait suivant, en 1886 : « Un jour, dit-il, je vis un nègre étendu sur la terre nue, au milieu de sa case. Le sorcier lui avait fait boire un breuvage pour un prétendu crime. Le malheureux avait rejeté le poison... On prétendit que l'épreuve ne comptait pas parce qu'elle avait été faite pendant la nuit... elle devait recommencer. »

Les cheveux se dressent sur la tête au récit de Mosa et de Jouffroy, voyageurs français déjà cités : « A Sam-Quita un chef bakalais était mort naturellement... La famille fit appeler les sorciers pour qu'ils découvrissent qui avait jeté un sort sur le chef.

« Ceux-ci accoururent peints, maquillés, ornés de colliers de verroterie et de dépouilles de fauves, le corps chargé de talismans. Une rumeur courut dans la foule : on allait savoir le nom des coupables.

« Les sorciers se livrèrent à leurs grossières incantations, regardant souvent dans un petit miroir, pour voir si la figure du coupable n'y apparaîtrait pas, marmottant des paroles bizarres, passionnant la foule par leurs gestes et leurs contorsions.

Quand ils jugèrent l'effervescence au comble, ils firent signe qu'ils allaient parler.

« Un silence de mort planait sur l'assemblée. Chacun attentif, retenait son souffle, pour mieux entendre. Les sorciers désignèrent comme coupables quatre hommes et deux femmes. Un moyen restait à ces malheureux pour prouver leur innocence, c'était de boire le « m'boubou » ou poison d'épreuve.

« Tristes et résignées les victimes burent. A peine le poison s'était-il approcher de leurs lèvres qu'on les vit se tordre et se débattre. La foule poussa un rugissement terrible et se rua sur ces malheureuses créatures, ce qui se passa alors défie toute description.

« Ceux qui nous accompagnaient voulurent empêcher, par la force, le dénouement de ce drame horrible. Impossible! La foule des bakalais s'interposa entre eux et les victimes. Celles-ci, tombées inanimées, furent déchiquetées, comme si tous les fauves de l'Afrique les eussent mises en pièces. »

Jetons un voile sur tant d'horreurs. Quels remèdes apporter à la sorcellerie africaine?

PREMIER REMÈDE

Protection des missionnaires.

Les gouverneurs européens protégeront les missionnaires catholiques, les missionnaires chrétiens. La religion chrétienne acceptée prohibe le meurtre, les fraudes, la sorcellerie, les jongleries de toute espèce.

DEUXIÈME REMÈDE

Fusiller les sorciers homicides en cas de récidive.

Les gouverneurs européens défendront à tout sorcier, en leurs territoires, de présenter des breuvages empoisonnés, ne les tourmenteront pas pour leurs méfaits antérieurs à la nouvelle loi. Lorsque la défense sera notoire dans le pays, si les féticheiro recommencent leurs exploits, se rendent coupables d'un nouveau meurtre, ils seront arrêtés et fusillés sans pitié. Les nègres, opprimés par un odieux despotisme, approuveront cette énergie bienfaisante.

Les gouverneurs européens demanderont aux chefs des tribus amies d'agir de même en leurs peuplades. Les pays qui ne voudraient pas exterminer les sorciers, en cas de récidive pour un meurtre, seraient annexés.

Nous lisons, dans le journal le *Soleil*, en septembre 1890 : « Le Barotze, près du Zambèse, s'est mis sous la protection de la compagnie anglaise Sud-Africaine. Il consent à l'abolition de l'esclavage et de la sorcellerie. »

Honneur à l'énergique Angleterre qui interdit la sorcellerie et l'esclavage en ses possessions !

CHAPITRE VIII

Des sacrifices humains en Afrique. — Leurs remèdes.

Les sorciers en Afrique commettent des crimes qui nous font frémir d'indignation ; mais quelles sensations douloureuses n'éprouverons-nous pas en apprenant que certains peuples africains ont des sacrifices humains ?

Le P. Dorgère, missionnaire catholique au Dahomey, dévoile, en juillet 1891, à un rédacteur du journal français le *Soleil*, qu'aux funérailles prochaines du roi du Dahomey, prédécesseur de éhanzin, chef actuel des Dahoméens, quatre mille esclaves seront sacrifiés sur le tombeau du défunt, avec des cruautés raffinées.

L'amiral français de Cuverville, en octobre 1890, a conclu un traité avec le roi du Dahomey, aux termes duquel la France conserve Kotonou et le protectorat de Porto-Novo, et le journal le *Soleil*, à ce sujet, écrit : « Si le prince dahoméen respecte ce traité, s'il s'abstient de faire des razzias d'esclaves destinés *aux sacrifices humains,* sur les territoires qui sont dans le cercle de notre influence, nous n'avons désormais qu'à le laisser tranquille chez lui ».

Horreur ! les sacrifices humains ne sont donc que trop réels en Afrique ! Les peuples africains polythéistes, fétichistes, se fabriquent des dieux de bois, attribuent la puissance divine à des animaux, comme aux serpents, à des choses inanimées comme à des arbres. Ils offrent à leurs dieux les produits de la terre, des animaux ; ils leur immolent des esclaves, des prisonniers de guerre pour apaiser leur courroux, disent-ils.

Ces peuples croyant à l'immortalité de l'âme, dogme qu'ils conçoivent mal, ont pensé que ces hommes, après la mort, ont encore les mêmes besoins, les mêmes passions que pendant la vie. Ils ont imaginé qu'ils devaient immoler à leurs mânes les ennemis qui les avaient tués, les épouses qu'ils avaient choisies, les esclaves qui les avaient servis, afin qu'ils puissent jouir dans l'autre monde des mêmes avantages qu'ils avaient eus sur la terre.

Abomination ! Ces croyances absurdes sont l'occasion de tueries d'hommes affreuses, multipliées. Parlons, lecteurs, de ces sacrifices humains afin d'émouvoir votre cœur et de vous engager à remédier à de si grands forfaits.

Le célèbre Lander, voyageur anglais en Guinée, nous donne la description suivante d'un sacrifice parmi les nègres : « Le noir à sacrifier est conduit près d'un arbre fétiche... Le sacrificateur, armé d'une pesante massue, se glisse inaperçu derrière lui et lui assène sur l'occiput un coup si terrible que, le plus souvent, il en fait jaillir la cervelle... La tête du nègre est tranchée d'un coup de hache et le sang bouillonnant est reçue dans une calebasse préparée à cet effet... »

Rendons-nous au Congo inférieur. Le rédacteur du journal français des voyages écrit en juillet 1890 : « Le lieutenant Van Gèle, commandant de la station de l'Equateur dut assister, écœuré, à une scène atroce. Un chef important étant mort, les tribus voisines résolurent de massacrer des esclaves dont les mânes devaient accompagner le défunt dans la région des esprits. Les parents du mort et les hommes libres se procurèrent quatorze esclaves.

« Les femmes furent étranglées de la façon suivante : un indigène escaladait un arbre et attachait au bout d'une grande branche une corde dont l'extrémité était enroulée au cou de la négresse. La branche, une fois abandonnée à elle-même, soulevait la femme et la balançait dans l'air, pendant les affres de l'agonie. Les contorsions de la moribonde excitaient une joie effrénée parmi les spectateurs...

« Quant aux hommes, ils furent décapités devant la foule. La victime était assise sur une sorte de billot ; ses genoux, ses bras étaient serrés entre des poteaux de façon à empêcher le moindre mouvement. Un cercle de jonc formant collier était relié par une large mentonnière à cordelettes à un énorme nœud formé au-dessus de la tête. Une longue corde rattachait ce nœud à une perche flexible, installée à trois mètres du patient, recourbée en arc par des nègres suspendus après elle. Une fois abandonnée à elle-même, la perche se redressait ; alors le cou de la victime s'étirait et s'allongeait démesurément.

« L'exécuteur, à ce moment, faisait son apparition, armé d'un sabre à courte lame. D'un seul coup, il séparait la tête du corps. La tête ainsi coupée rebondissait alors dans l'espace, au bout de la perche et, se dégageant de la corde, allait s'abattre à plus de cinquante mètres ».

Est-ce assez joli, assez réussi? Mais ce n'est pas le bouquet. Il faut parler des sacrifices humains au Dahomey : après leur description, il faudra tirer le rideau. En ce pays charmant, aux mois d'août et d'octobre, ont lieu des massacres en masse : c'est une coutume et c'est une fête. M. Lartigue, agent de la maison Régis, se rendit, en 1860, dans la capitale du Dahomey et écrivit, sur ce qu'il avait vu, les détails navrants :

« Le 15 juillet, le roi, après avoir sacrifié cinquante prisonniers, sortit de son palais au bruit de la mousqueterie.

« Immédiatement a commencé le défilé de tous les cabécères destinés à la mort, chacun selon son grade, les moins élevés en tête... cinq cents tamtams retentissaient et les troupes tiraient des coups de fusil. Vingt mille nègres, ruisselants de sueur, lancés à toute vitesse, tournoyaient autour de l'assemblée......

« Le 16, la même course a recommencé; puis un captif, fortement baillonné, a été présenté au roi par le ministre de la justice, qui a demandé au prince s'il avait à charger le prisonnier de quelque commission pour son père, le roi trépassé. On remit au malheureux, pour ses frais de route, une piastre et une bouteille de tafia, et on *l'expédia.*

« Deux heures après, quatre nouveaux messagers partaient dans les mêmes conditions..... Une fois ces courriers partis, le roi, monté sur son tabouret, demanda à ces braves s'ils étaient prêts à le suivre partout où il porterait la guerre. Enthousiasme impossible à décrire !

« Les jours suivants, de nombreux captifs sont massacrés. Les tueries ne discontinuent pas. La place du palais exhale une odeur infecte. En deux nuits, il est tombé plus de cinq cents têtes. Les corps sont jetés dans les fossés de la ville, où les oiseaux de proie s'en disputent les lambeaux.

« Le 4 août, exhibition de quinze femmes prisonnières, destinées à prendre soin du roi Ghéso dans l'autre monde. Elles paraissent deviner le sort qui les attend, car elles sont tristes et regardent souvent derrière elles. On les tuera cette nuit d'un coup de poignard dans la poitrine.

« Le 5, jour réservé aux offrandes du roi. Elles forment une collection de tout ce qui est à l'usage d'un monarque africain : quinze femmes et trente-cinq hommes baillonnés et ficelés, chacun dans un panier qu'on porte sur la tête.

« Derrière moi, étaient quatre magnifiques noirs, faisant fonctions de cochers autour d'un petit carrosse destiné à être envoyé au défunt, en compagnie de ces malheureux. Ils ignoraient leur sort. Quand on les a appelés, ils se sont avancés tristement sans proférer une parole ; un d'eux avait deux grosses larmes qui coulaient sur ses joues. Ils ont été tués tous les quatre comme des poulets, par le roi en personne..... Au signal du prince, les coutelas se tirent et les têtes des captifs tombent. Le sang coule de toutes parts.....

« Ces cérémonies vont encore durer un mois et demi, après quoi le roi se mettra en campagne pour faire de nouveaux prisonniers et recommencer sa fête des coutumes, vers la fin d'octobre. Il y aura encore sept ou huit cents têtes abattues. »

Adolphe Bardo, dans le *Journal* français *des voyages*, en juillet 1890, confirme la narration précédente :

« Au Dahomey, dit-il, les captifs, destinés à être immolés, ont dans la bouche un baillon en forme de croix, dont le bout pointu s'applique sur la langue. Les sacrificateurs s'ingénient à inventer toutes sortes de supplices. On pend les victimes par les pieds, par la tête. A d'autres, on tranche les quatre membres.

« Parfois, sur une grosse poutre fixée au sol, on cloue par les pieds toute une rangée de nègres, avec défense de leur donner aucun aliment. Les jeunes enfants viennent planter des épines dans le corps de ces malheureux.

« Quelquefois, pour les sacrifices propitiatoires, on promènera à travers la capitale, avec musiciens et chanteurs, cinquante jeunes filles, choisies parmi les captives, que l'on tuera, à la tombée du jour, d'un coup de poignard dans le dos.....

« Les féticheurs règnent en maîtres au Dahomey; les prêtresses sont comme des furies. »

REMÈDES

Pour mettre fin à de pareilles atrocités, les gouverneurs européens, en Afrique, protègeront en premier lieu les missionnaires qui prêchent une religion toute de bonté, de mansuétude, de charité fraternelle. La religion chrétienne, religion bienfaisante, de paix, fera disparaître les superstitions, l'esprit de cruauté chez les nègres.

En second lieu, les puissances européennes feront disparaître par la force, si leurs conseils ne sont pas écoutés, les sacrifices humains, sur le continent noir.

M. Carnot, président de la République française, a prié dernièrement le roi Béhanzin de mettre un terme aux tueries en usage dans son royaume. C'est une demande généreuse, qui fait honneur à son auteur; mais il est à craindre que ce ne soient des paroles perdues. Ce qu'il faut faire entendre, c'est le canon : c'est le moyen le plus efficace.

Les puissances européennes interdiront tout sacrifice humain dans leurs colonies : c'est facile. Tout sacrificateur averti sera fusillé en cas de récidive. Les gouverneurs européens, avec leurs troupes coloniales, en s'unissant étroitement, annexeront les pays qui ne voudront pas consentir à l'abolition des *sacrifices humains :* c'est difficile, mais non impossible.

Européens, n'entendez-vous pas les cris de ces pauvres victimes africaines? On les égorge, et vous resteriez insensibles, alors que vous avez des engins de guerre si terribles, alors que vous avez des millions de soldats aguerris. Unissez-vous, ne procédez pas par petits paquets de troupes, prenez vos précautions et votre temps, agissez avec énergie. Ah! si les roitelets africains vous savaient unis et décidés à marcher contre eux, en cas de contravention à vos défenses, ils se soumettraient et renonceraient à leurs *sacrifices humains*.

Les Européens qui veulent mettre un terme aux cruautés des Africains ne doivent pas se rendre coupables eux-mêmes d'actes barbares. Nous flétrissons, à juste titre, les massacres d'indigènes à Massouah, accomplis en 1891, par quelques policiers italiens sans religion, sans humanité, par le fameux *Livraghi*, parceque ces indigènes étaient *soupçonnés* d'être rebelles à la domination italienne. Pour les faire mourir, ces cheiks abyssins, il eût fallu attendre la révolte déclarée, il eût fallu la certitude de la culpabilité. Le gouvernement italien devrait faire fusiller, si les faits sont exacts, les auteurs des massacres de Massouah. Justice pour tous! Tous les hommes, blancs ou noirs, ne doivent pas enlever injustement, suivant le commandement de Dieu, la vie au prochain.

CHAPITRE IX

Le cannibalisme en Afrique. — Ses remèdes.

Les Africains sont exposés à bien des misères; mais la coupe n'est pas encore vidée : beaucoup d'entre eux ont un danger terrible à éviter, ont à fuir leurs frères de l'intérieur qui mangent leurs prisonniers, leurs esclaves. Des cannibales en Afrique! Est-ce possible? Comment des hommes peuvent-ils arriver à ce degré d'abrutissement que de se repaître de la chair de leurs semblables?

Offrons des témoignages, afin que l'attention de l'Europe soit attirée sur de pareilles horreurs.

Le P. Augouard, missionnaire catholique au Congo, écrit en juin 1890 : « Notre mission est au cœur de l'Afrique équatoriale. Dans les villages d'alentour, les indigènes sont cannibales. Un africain mangeait un jour, dans un plat rond, un mets encore fumant... On s'approche et on aperçoit une moitié de tête contenant la cervelle d'une victime humaine... Sur les marchés on vend de la chair humaine.

« Les Européens doivent être sur leurs gardes pour ne pas être anthropophages sans le savoir, les indigènes ayant coutume de mêler de la graisse humaine à l'huile de palme vendue pour notre cuisine.

« Les indigènes livrent l'ivoire de l'Oubaughi contre des esclaves de six à douze ans, *bons à manger*. Ils préfèrent la chair jeune et délicate... Pour la rendre tendre, ils l'exposent toute la nuit dans l'eau du fleuve...

« Plusieurs fois nous avons eu l'occasion de délivrer, en faisant des cadeaux à leurs maîtres, de pauvres malheureux destinés à faire les frais de ces festins.

« Dans certains villages, on voit de jeunes esclaves d'une maigreur effroyable. Ils se privent eux-mêmes de nourriture, et préfèrent souffrir la faim plutôt que de s'exposer à être mangés dans un repas.

« Nous voyageons sur l'Oubanghi avec un petit vapeur. Dans tous les villages, nous pouvons apercevoir les tristes trophées qui ornent les cases : ce sont les têtes des victimes humaines immolées dans les festins. »

Un autre missionnaire catholique, M. Baur, écrit, en 1882, du Zanguebar : « Les Wadoé sont cannibales... La peau blanche des missionnaires, lors de notre voyage au milieu d'eux, attira d'abord leur attention. Ils se montrèrent les uns aux autres nos porteurs. Plusieurs disaient, en faisant claquer la langue : « Que celui-là serait *bon!* » — « Moi, je n'en voudrais pas, répondit un raffiné : il sent *l'arabe;* mais ce grand-là, qui ressemble à une giraffe, doit être *excellent.* »

« Mes porteurs en furent quittes pour la peur : on ne nous attaqua pas, parce qu'il n'y avait pas en ce moment de grande cérémonie chez les Wadoé. »

« Les Mitehis (Bas-Niger), nous dit le courageux Viard, sont les plus rebelles à tout sentiment d'humanité. Beaucoup de prisonniers trouvent une tombe dans l'estomac de leurs vainqueurs. Ils restent cannibales par goût. Manger de la chair humaine, c'est pour eux un véritable régal. On nous apprit que les mains et les pieds sont les membres les plus estimés et généralement offerts aux chefs. »

Le *journal* français *des voyages* publie, en 1890, les lignes suivantes : « Il y a encore des mangeurs d'hommes au centre du continent noir. Musy, un chef de poste français, au Congo, vient d'être tué et *mangé*, avec ses douze hommes d'escorte, par les noirs d'un village voisin...

« L'anthropophagie sévit dans tout le haut bassin du Congo. Elle s'exerce de tribu à tribu : on mange les vaincus. Quand on peut, sans crainte d'immédiates représailles, s'emparer d'un blanc, il court grand risque d'être immolé, *rôti* et dévoré à belles dents. Des confins du lac Tchad à ceux du Zambèse et des grands lacs au Pool, *la chair blanche* est fort appréciée des gourmets...

« Les nègres, tout grands enfants qu'ils sont, se transforment vite en mangeurs d'hommes. Qui déchiffrera l'énigme des ces organisations primitives, où le bien et le mal, la candeur et la cruauté sont si près l'un de l'autre ? »

Stanley, observateur de premier ordre, va nous intéresser par ses narrations : « Nous avons, dit-il, franchi mille huit cents milles de Nyaugoué à l'Océan. Que de batailles désespérées avec les *cannibales !* Sur les rives de l'Arouwimi, des crânes humains grimaçaient au bout d'une quantité de perches ; des os humains se voyaient parmi les débris de *cuisine,* et se rencontraient jusqu'au bord de la rivière. »

En novembre 1876, Stanley écrit : « Les indigènes de la forêt du Manyéma demeurent à Kampounzou. Ce village est formé d'une grande rue, flanquée de chaque côté de maisons basses. Deux rangs de crânes couraient tout le long de la bourgade, placés à dix pieds les uns des autres...

« La moitié au moins portaient les traces des coups de hache reçus par la victime. Les sutures et l'aspect de la plupart me semblèrent tellement appartenir à la *race humaine* que m'adressant au chef, je lui demandai quelles étaient ces choses qui décoraient son village.

« Nyama, de la *viande,* répondit-il.

— D'où vient-elle ?

— De la forêt.

— Et de quelle espèce ?

— L'animal est de la taille de votre porte-fusil. Cela prend nos bananes. On le tue, et nous le mangeons.

« J'achetai deux crânes qui, rapportés en Angleterre, furent envoyés au professeur Hasley, dont voici la réponse :

« Des deux crânes, le premier est celui d'un homme qui ne devait pas avoir trente ans; le second, celui d'une femme en ayant plus de cinquante. »

« Telle était la *viande* pour les gens de Kampounzou, évidemment cannibales. »

« En décembre 1876, rapporte encore Stanley, nous nous embarquons sur le mystérieux Loualaba, et nous prenons le milieu du courant. Tout-à-coup, sur les rives, des gens armés de lances et de grands boucliers, peints en noir, la tête ornée de plumes, veulent fondre sur l'expédition.

« Sennéneh! Sennéneh! (paix) leur crient les interprètes; nous sommes des amis. »

— « Nous ne voulons pas de votre amitié, fut-il répondu; partez ou nous vous *mangerons*. »

« Plus loin, des indigènes, montant des canots à la proue effilée, arrivent à vingt-cinq ou trente brasses de nous, lancent leurs javelots en criant : « Bo-bo-bo, bobo-bobo-oo, de la *viande*, de la *viande!*.. »

« De la *viande* en moi et en mes compagnons! Nous, de la *viande*, quelle idée! Nos fusils partirent, et bientôt le fleuve fut libre. »

Pauvres nègres! Ils sont souvent mangés par leurs frères, après avoir été torturés. C'est ici le lieu de flétrir, si le fait est véritable, l'action imputée à M. Jameson, voyageur anglais, lieutenant de Stanley.

Certains journaux français, en novembre 1890, font la narration suivante : « Feu M. Jameson, de l'arrière-garde de Stanley, au dire d'un témoin oculaire, Assard-Ferran, interprète, dit à Tippoo-Tib, africain, qu'il serait curieux de voir des cannibales tuer et manger un homme, qu'étant sur les lieux il aimerait voir comment cela se pratiquait.

« Tippoo-Tib répondit que s'il souhaitait voir cette chose, il lui fallait acheter un esclave et en faire présent à des cannibales qui le mangeraient devant lui.

« M. Jameson demanda combien coûtait un esclave dans le pays. On lui dit : 6 mouchoirs. Il les donna à un indigène qui partit et revint au bout de quelques minutes, ramenant une jeune fille d'environ dix ans. A la requête de M. Jameson, la jeune fille fut conduite aux huttes des cannibales pour y être mangée. On leur dit que c'était un présent de l'homme blanc, lequel désirait voir comment elle serait dévorée...

« La pauvre enfant fut attachée par la main à un arbre, et cinq indigènes aiguisèrent leurs couteaux.

On la tua en lui plongeant deux fois un coutelas dans la poitrine... Cette malheureuse petite négresse avait regardé de tous côtés comme pour chercher du secours...

« Les cannibales la coupèrent en morceaux. Un coupa la jambe, un autre, le bras, celui-ci, la tête, celui-là, la poitrine. Les morceaux furent dévorés...

« Pendant ce temps, M. Jameson avait son crayon en main et faisait de rapides *croquis* de la scène!..... »

Tel est le récit. S'il est véritable, M. Jameson est un monstre, un assassin. Pauvre enfant coupée en morceaux et mangée par ses ordres! M. Jameson est heureux de ne plus être de ce monde, si le fait est authentique : nous aurions demandé au gouvernement anglais de le faire fusiller, en ce cas.

Nous sommes instruits sur le cannibalisme de certaines peuplades africaines. Le mal est grand et appelle des remèdes énergiques. Que faire?

En premier lieu, les gouverneurs européens en Afrique, protègeront les missionnaires qui enseignent aux Africains la religion chrétienne, religion qui, acceptée, changera de telles mœurs.

En second lieu, les gouverneurs des colonies européennes et leurs alliés nègres qui répudient l'anthropophagie, annexeront les pays de cannibales, feront la conquête, peu à peu, avec des troupes nombreuses, des régions des anthropophages. Une fois la conquête accomplie, il sera hautement signifié que désormais manger de la *chair humaine* est un cas de mort, que tout individu, de l'un et de l'autre sexe, qui se rendra coupable d'un acte de *cannibalisme,* après la défense, sera fusillé ou pendu sans miséricorde. Cette énergie inspirera une salutaire terreur, et le mal disparaîtra.

Louons la fermeté de quelques officiers belges, en Afrique, en l'affaire suivante. En juillet 1891, le journal français le *Soleil* publie : « Le courrier du Congo rapporte divers incidents qui se sont passés dans les environs des Falls.

« Les indigènes de cette contrée se livraient depuis quelque temps, à des actes *d'anthropophagie*. Tous les jours, il y avait des rapts, des assassinats. Les résidents belges des Falls notifièrent qu'ils séviraient en cas de récidive. Après la défense, on surprit deux indigènes qui avaient tué huit personnes, femmes et enfants, pour les *manger*... Ils furent pendus publiquement. »

CONCLUSION

Les Africains sont désolés par l'esclavage, la sorcellerie, les sacrifices humains, le cannibalisme.

Les Européens, plus intelligents que les autres habitants du monde, civilisés par la doctrine si sainte, si judicieuse de Jésus-Christ, ne se contenteront pas d'avoir des relations commerciales avec l'Afrique : ils christianiseront et civiliseront cette partie déshéritée du monde.

Puisse ce travail contribuer à la gloire de Dieu et au bonheur de tous mes frères d'Afrique !

L'Abbé **NOYANT**.

TABLE

Chapitre premier. — Considérations générales. . . . 5
Chapitre II. — La razzia des esclaves. 17
Chapitre III. — La voie douloureuse des esclaves . . 27
Chapitre IV. — Le marché aux esclaves. 39
Chapitre V. — L'habitation du maître. 47
Chapitre VI. — Remèdes à l'esclavage 53
Chapitre VII. — Sorcellerie africaine. Remèdes . . . 67
Chapitre VIII. — Sacrifices humains africains. Leurs remèdes. 77
Chapitre IX. — Cannibalisme en Afrique. Remèdes . 87
Conclusion. 97